PRINCIPES FONDAMENTAUX

DE L'ÉLECTION

Et de la vraie Représentation nationale;

Par Jacques RIVES, ouvrier mécanicien.

Détruire l'intervention du pouvoir et des partis sur les élections, assurer à la chambre nationale la représentation de tous les intérêts de la France, c'est assurer la stabilité de la République et le progrès matériel et moral de tous les citoyens français.

Dédié aux vrais amis de la République, aux vrais amis du Progrès et aux Travailleurs, mes camarades.

TOULOUSE,

IMPRIMERIE D'AUG. DE LABOUISSE-ROCHEFORT,

Rue des Balances, 43.

PRINCIPES FONDAMENTAUX

DE L'ÉLECTION

Et de la vraie Représentation nationale;

Par Jacques RIVES, ouvrier mécanicien.

Détruire l'intervention du pouvoir et des partis sur les élections, assurer à la chambre nationale la représentation de tous les intérêts de la France, c'est assurer la stabilité de la République et le progrès matériel et moral de tous les citoyens français.

Tout citoyen a des devoirs à remplir envers son pays, ces devoirs lui donnent des droits à exercer.

Ces droits se manifestent par la volonté en faisant connaître des besoins.

La volonté ne peut pas s'exercer comme application, par tous, elle ne peut l'être que par un petit nombre de citoyens; il faut donc qu'elle soit transmise.

Pour la transmettre, il faut qu'elle le soit le plus directement possible, pour qu'elle reste pure et vraie.

1

La volonté doit s'exprimer librement, sans contrainte, sans entraves aucunes.

Les volontés sont diverses comme les intérêts qu'elles représentent.

Les intérêts étant divers, il faut qu'ils soient divisés en catégories, et que ces catégories représentent les intérêts qui sont par leur nature assimilables entr'eux.

Ceux qui doivent recevoir ces volontés et les intérêts qu'elles représentent, doivent bien s'en pénétrer, afin qu'ils puissent bien les connaître.

Pour bien connaître ces intérêts, il faut être de la catégorie que l'on représente, et dès-lors les intérêts de la catégorie deviennent les vôtres.

Les intérêts que l'on représente étant les vôtres, on ne peut pas en sacrifier un sans sacrifier l'autre. Or, on ne sacrifie jamais ses propres intérêts, donc on ne sacrifiera jamais les intérêts des autres.

Les intérêts des catégories ne pouvant jamais être sacrifiés, on n'a qu'à faire des catégories qui représentent tous les intérêts, et dès-lors, tous les intérêts seront respectés.

Les intérêts de tous font les intérêts de chacun, donc chacun aura son intérêt garanti et respecté.

Chacun étant respecté, chacun devient libre.

Chacun étant libre, chacun devient égal.

Mais chacun étant libre et égal, chacun devient fraternel.

Donc la liberté, l'égalité et la fraternité, existeront pour tous.

Nous traduirons ceci en l'appliquant à l'élection, et afin d'être compris par les Travailleurs, nous dirons :

Tout citoyen est électeur et éligible ; il exerce ainsi, dans un cas comme dans l'autre, un droit que lui donnent les devoirs qu'il remplit envers son pays.

Il doit exercer ce droit, comme électeur, en nommant un représentant.

Ce représentant il doit le nommer directement, pour qu'il le connaisse bien et qu'il puisse lui donner sa confiance.

Cette nomination doit se faire librement, sans contrainte, sans entraves aucunes.

Les besoins et les intérêts des citoyens sont divers ; il faut les diviser en catégories, et ces catégories doivent être telles que les intérêts qu'elles représentent, soient par leur nature assimilables entre eux.

Les représentants qui doivent recevoir et connaître les volontés, les besoins et les intérêts des électeurs, doivent bien s'en pénétrer, afin qu'ils puissent bien les apprécier et les connaître, pour les appliquer librement pour le bien commun.

Pour bien connaître les besoins et les intérêts, les représentants doivent sortir de la catégorie qu'ils doivent défendre, et dès-lors les intérêts de la catégorie deviennent leurs propres intérêts.

Les représentants, en défendant leurs intérêts, défendent les intérêts de la catégorie; mais ils ne peuvent pas sacrifier les uns sans sacrifier les autres; et comme on ne sacrifie jamais ses propres intérêts, les représentants ne sacrifieront jamais les intérêts de la catégorie qu'ils défendent.

Les intérêts des catégories ne pouvant jamais être sacrifiés par les représentants qui les défendent, on n'a qu'à faire des catégories qui représentent tous les intérêts, et dès-lors tous les intérêts seront garantis et respectés par les représentants respectifs.

Les intérêts de tous font les intérêts de chacun; donc, chacun aura ses intérêts garantis et respectés.

Chacun étant respecté, chacun devient libre.

Chacun étant libre, chacun devient égal.

Mais chacun étant libre et égal, chacun devient fraternel.

Donc, la liberté, l'égalité et la fraternité, existeront pour tous.

Les principes que nous venons d'exposer, nous ayant conduit à cette sublime devise : liberté, égalité, fraternité, pour tous, nous devons voir à présent si la pratique de ces principes nous conduira aux mêmes conséquences.

En étudiant l'organisation de la société, quant à ses besoins et à ses intérêts, on peut la diviser, d'une manière générale, en quatre grandes catégories, qui sont : l'agriculture, l'industrie, le commerce, et toutes les professions qui ne sont pas comprises dans ces trois premières catégories, telles que médecins, avocats, savants, artistes, ministres des cultes, administrateurs, hommes de lettres, magistrats, etc.

Les intérêts de l'agriculture et de l'industrie se divisent en deux : le capital et le travail ; pour l'agriculture, c'est le propriétaire du sol et l'ouvrier agricole ; pour l'industrie, c'est le capitaliste proprement dit, et les travailleurs industriels. Ceci nous révèle une autre catégorie, celle du capitaliste ou de la propriété. Nous aurons donc en définitive cinq catégories, qui sont :

L'agriculture, l'industrie, le commerce, la propriété, les professions diverses, telles que médecins, avocats, savants, artistes, etc.

Les travailleurs de l'agriculture se divisent en deux sections, les entrepreneurs et les ouvriers agricoles ; les premiers sont ceux qui s'occupent particulièrement d'agriculture, soit en théorie, soit en pratique ; les seconds comprennent les ouvriers laboureurs, les brassiers, les garçons de ferme, etc.

Les travailleurs de l'industrie auront aussi deux sections, les entrepreneurs d'industrie et les maîtres d'une part, et de l'autre les contre-maîtres et les ouvriers.

Le commerce sera également divisé en deux sections, les négociants ou les marchands en gros, et les détaillants ou marchands en petit.

La catégorie des professions diverses, médecins, avocats, administrateurs, savants, etc., ne se subdivisera pas, ils agiront ensemble.

La catégorie des propriétaires dans lesquels nous ne comprenons pas seulement ceux qui possèdent une propriété quelconque, mais tous ceux qui ont un revenu, un capital en activité, quel qu'il soit, mais appréciable légalement, ils agiront ensemble.

Chacune de ces catégories nommeront leurs représentants respectifs, et elles les nommeront proportionnellement à la population ; ainsi, si on a deux représentants dans la catégorie agricole pour un nombre donné d'électeurs, l'industrie, le commerce, la propriété et la catégorie des professions diverses, auront aussi chacune deux représentants ; seulement que l'agriculture, l'industrie et le commerce, ayant deux sections, auront un représentant dans chaque section. Pour l'agriculture, il y aura un représentant entrepreneur et un représentant ouvrier ; il en sera de même pour l'industrie ; et pour le commerce, il y aura un représentant marchand en gros et un représentant marchand en détail.

Les élections ainsi adoptées, qui seront les élections du suffrage universel divisées en catégories, peut-on supposer que la corruption et l'intrigue pourront fausser l'esprit d'élection, que l'on pourra nommer des représentants qui ne soient pas les vrais délégués du pays ? Examinons d'abord les élections antérieures et les élections actuelles, et puis nous verrons celles que nous proposons.

En considérant l'élection du Gouvernement représentatif, qui n'était que l'élection des privilégiés par la fortune, on voit que quand un électeur donnait son vote, il n'apportait qu'une voix dans le scrutin ; ce vote pouvait être l'objet de toute sorte de trafics honteux, mais enfin il ne pouvait offrir que son suffrage. Aujourd'hui, avec le vote universel, cet électeur qui n'a pas de droit exclusif pour nommer de représentant, puisque tout le monde est apte à exercer ce droit, il n'en conserve pas moins, par sa fortune et sa puissance, une action d'influence sur tous ses subordonnés.

On a beau dire que tout le monde est libre à nommer son représentant, que l'on peut même le prendre dans toutes les classes de la société, soit; mais qui ne sait, dans cette circonstance comme dans beaucoup d'autres, que la liberté n'est qu'un mot et non une chose; que la liberté admet l'indépendance, que l'indépendance suppose le bien-être. Eh bien ! est-ce que le bien-être est l'apanage habituel de l'ouvrier agricole et de l'ouvrier industriel ? N'est-ce pas, au contraire, la misère qui est sa position ordinaire ? Et dès-lors, on comprend que l'indépendance pour lui est nulle, et que la liberté n'est qu'un vain mot. Il ne suffit pas que l'on écrive que nous avons la liberté, il faut voir si la liberté est un fait, et pour le voir, pour le comprendre sans déguisement, il faut se demander si c'est le pauvre qui a de l'influence et de l'ascendent sur le riche, ou si c'est le riche qui en a sur le pauvre.

On comprend donc que le suffrage universel n'est pas plus libre que le suffrage privilégié par la fortune; le premier porte en lui plus de causes d'intrigue et plus de force d'action dans la détermination du vote que le suffrage privilégié, en ce que l'électeur puissant, soit par la fortune, soit par sa haute position, qui n'apportait qu'un vote dans l'élection partielle, peut apporter dans l'élection générale cinquante suffrages, s'il a sous sa domination cinquante serviteurs.

Mais si le vote n'est pas libre, si le vote peut être entraîné, il peut être vendu, il peut être trafiqué de toutes les façons, et dès-lors l'élection de la République, qui est l'élection de tous les citoyens, ne sera pas plus pure, plus sincère, que l'élection du privilège dans le Gouvernement représentatif.

L'élection du suffrage universel divisé en catégories, comme nous l'avons indiqué, ne se prêtera pas à toutes ces ténébreuses menées ; elle se fera librement, l'ambition d'obtenir une faveur quelconque sera sans effet.

Ainsi que l'administration supérieure veuille obtenir une majorité quelconque, qu'elle veuille se former un parti et qu'elle mette tous ses subalternes en action pour fausser et corrompre l'élection, préfets, sous-préfets, juges de paix, maires, adjoints, etc., parviendra-t-on par cette filière d'intervention à obtenir le candidat désiré ? cela est impossible ; en effet, il faut que ces administrateurs s'adressent à quelqu'une des cinq catégories ; si c'est à la leur, dans la catégorie des professions diverses, il n'y a pas de mal, ils pourront choisir tout à leur aise et prendre des représentants qui soient dévoués à leur cause ; mais s'ils veulent tenter une invasion en s'adressant à d'autres catégories, à un propriétaire, je suppose, et que celui-ci soit l'objet de leur convoitise, qu'on lui offre pour prime de son dévouement un chemin de communication pour écouler facilement ses denrées, une bourse pour l'entrée au collège d'un de ses enfants ou de ses neveux, et cela pour avoir son suffrage et celui de ses subordonnés ; l'électeur privilégié par la fortune ne pourra pas mettre son dévouement au service de la cause du pouvoir, ni satisfaire sa propre cause et sera forcé de répondre aux sollicitations de l'administration : ce que vous me demandez n'est pas possible, non-seulement je ne puis pas vous offrir le vote de mes Travailleurs, mais je ne puis pas même vous donner mon suffrage ; je ne puis rien faire dans votre catégorie, pas plus que vous dans la nôtre, il y aura désormais entre nous une scission complète ; vos propositions me séduisent, elles m'arrangeraient à merveille, mais je ne puis les accepter, tout ce que nous avons à faire vous et moi c'est de bien étudier nos intérêts respectifs et de choisir des candidats capables de les défendre : c'est là notre droit et notre devoir ; les représentants que nous choisirons y seront d'ailleurs intéressés eux-mêmes, puisqu'en défendant leur cause ils défendront la nôtre.

L'intervention du pouvoir sera-t-elle plus heureuse auprès des autres catégories appartenant au commerce et à l'industrie ? son influence obtiendra-t-elle un plus grand succès ? Evidemment non. Les électeurs de ces catégories seront obligés de décliner leur compétence, et cela par les mêmes raisons que nous avons données pour la propriété ; ils seront obligés de se parquer dans leur camp pour s'occuper uniquement de leurs propres affaires, toute manœuvre, toute intrigue, toute sollicitude doit demeurer sans effet.

On voit donc que le suffrage universel divisé en catégories anéantira pour toujours l'action que le gouvernement exerçait sur les électeurs ; l'affiliation du pouvoir avec les électeurs étant détruite, on ne verra plus cette multitude de fonctionnaires en piste de recruter un vote pour nommer le candidat favorisé : tout employé restera à son poste et remplira dignement son devoir.

L'électeur, de son côté, voyant que l'accès qui pouvait le conduire lui et les siens aux emplois de l'administration publique, est fermé, il tournera ses regards vers un but plus honorable que celui d'obtenir une place en vendant son vote, c'est-à-dire en trahissant son pays. Cet électeur rentrera dans sa conscience et comprendra que sa mission à accomplir est plus noble, il fera des efforts pour se rendre digne des droits et des devoirs qu'il aura à remplir.

On pourrait nous faire une objection que nous tenons à détruire immédiatement. On pourrait nous dire : nous reconnaissons que l'intervention funeste que le pouvoir exerçait sur les élections n'est plus possible avec le suffrage universel divisé en catégories ; nous comprenons qu'il ne puisse pas agir directement sur la propriété, l'agriculture, l'industrie et le commerce ; mais sur la catégorie des professions diverses, là où il a tous ses employés, il aura de quoi capter à son aise, il pourra même se réjouir de pouvoir concentrer ses faveurs sur un petit nombre de privilégiés ; les agents de l'administration façonneront et modèleront à leur gré ces candidats qui doivent faire la force du pouvoir. Nous ne croyons pas à cette objection, parce que dans cette classe d'électeurs il y a trop d'intelligence et de dignité ; nous l'admettons cependant, et quelque compacte que soit leur volonté pour faire cause commune avec le gouvernement, elle serait sans objet; en effet, est-ce que cette fraction de la représentation nationale pourra combattre efficacement les quatre parties qui représentent en intérêts la presque totalité du pays ? La minorité des suffrages devrait donc primer sur la majorité. On le voit, quelque supposition que l'on fasse, les élections resteront libres, elles ne seront plus faussées par aucune intrigue, elles ne seront plus un instrument propre à satisfaire les ambitions d'aucun pouvoir.

Apprécions maintenant ce qui se passe dans les catégories elles-mêmes et voyons l'action que les unes exercent sur les autres. Nous prendrons les catégories de la propriété et celle des Travailleurs agricoles.

Nous trouvons ici trois intérêts en face ; le propriétaire du sol, qui est le capitaliste ; l'entrepreneur d'agriculture, qui est le talent, et le travailleur qui représente le travail. Ces trois éléments de la production forment, comme nous l'avons dit, deux catégories : la propriété d'une part, et l'entrepreneur et l'ouvrier agricole d'une autre. Les choses étant ainsi, on voit d'abord que les deux catégories ne votent pas ensemble et que l'une ne peut pas nommer de représentant pour l'autre ; de plus, l'une ne peut pas faire de concession à l'autre sans que les intérêts de celle-là n'en souffrent. Ainsi, que le propriétaire cherche à agir, par l'influence de sa position, sur le Travailleur, pour le déterminer à nommer un représentant qui s'occupe exclusivement des affaires de la propriété ; l'entrepreneur et les Travailleurs ne s'engageront pas à faire de semblables concessions, sans que le fruit de leur travail n'en soit atténué. On ne peut pas admettre que l'on sacrifie ses propres intérêts pour favoriser les intérêts des autres ; cela n'est pas de règle commune, ce n'est pas ainsi que les choses se passent.

Nous ne chercherons pas à prouver que le travailleur ait ni l'intention, ni le pouvoir de s'occuper de la nomination des représentants de la propriété ; d'abord, il n'y réussirait pas, et puis, il n'en a pas le droit ; dans cette situation, il arrivera nécessairement qu'au lieu de chercher à nommer des représentants capables de nuire aux intérêts opposés, on fera des efforts pour en nommer qui soient propres à les défendre respectivement et à les concilier ensemble ; de cette communauté de vues et d'intérêts il en résultera des améliorations qui augmenteront la prospérité en créant de plus grandes richesses, et dès-lors, on aura des produits plus grands et pour le propriétaire et pour le travailleur.

Dans l'industrie manufacturière, nous obtiendrons un résultat analogue. Le capitaliste proprement dit, en plaçant son capital dans l'industrie, rentre dans la condition du capitaliste agricole ; les intérêts qu'il a à débattre avec les travailleurs sont les mêmes, mais il arrive quelquefois que le chef industriel est à la fois capitaliste et directeur, de là il semble réunir deux pouvoirs, le pouvoir de l'industriel et le pouvoir du capitaliste ; mais comme il faut qu'il adopte une profession et qu'il ne peut pas en avoir deux, il sera obligé de prendre celle de directeur d'industrie, et dès-lors il n'a plus d'action dans la catégorie des propriétaires là où il pouvait avoir quelque influence comme homme d'argent ; d'un autre côté, le contre-maître qui est dans la section des Travailleurs est l'homme qui représente le talent, c'est lui qui dirige l'entreprise ; dans ce cas nous rentrons dans les trois éléments de la production, le capital, le talent et le travail. Les contre-maîtres et les ouvriers doivent avoir leurs représentants ; les capitalistes industriels doivent avoir les leurs. Ces deux sections, qui forment la catégorie de l'industrie manufacturière, votant ensemble, serons portées à se faire des concessions mutuelles en faveur du bien commun ; s'il en était autrement et qu'ils voulussent nommer des représentants qui fussent capables de se mettre en hostilité pour défendre les intérêts particuliers, cela serait un malheur, j'en conviens, mais enfin l'ouvrier serait là pour discuter ses droits du travail, et le maître discuterait le droit du capital ; il est probable et même certain que cela n'arrivera jamais, nous en parlons plutôt pour en faire comprendre l'impossibilité que la vraisemblance ; car enfin, quand les droits que l'on réclame sont vrais et légitimes, on finit toujours par s'entendre, surtout quand ils sont dans l'intérêt général.

Si nous voulions chercher ce qui se passe dans la catégorie du commerce, nous arriverions aux mêmes conclusions, et cela par les mêmes raisons. Il y a dans cette catégorie deux sections, la section du commerçant en gros, et la section du commerçant en détail. Elles nomment ensemble comme catégorie, mais elles ont leurs représentants particuliers.

Nous avons étudié la catégorie de l'industrie agricole et celle de l'industrie manufacturière, comparées à la catégorie de la propriété ; nous avons compris aussi que la catégorie de l'industrie commerciale présentait les mêmes rapports ;

nous devons voir à présent si ces trois industries ont, considérées toujours sous le rapport
des élections, quelque influence les unes sur
les autres.

L'agriculture fournit, d'une manière générale,
la matière première à l'industrie manufacturière; c'est elle qui nourrit d'abord toute la population, et puis qui fournit le bois, la laine,
le cuir, etc. Le commerce prend ces matières
premières, les porte dans l'industrie, celle-ci
les confectionne, en fait des maisons, des meu-
bles, des étoffes, des souliers, etc., les remet
au commerce, et lui, à son tour, les rapporte
à l'agriculture et à d'autres professions. Voilà
d'une manière générale ce qui se passe dans ces
trois industries. De ces divers rapports il en ré-
sulte des conditions diverses, des intérêts distincts; voilà pourquoi nous les faisons agir sépa-
rément et nous voulons que ces trois catégories
nomment leurs représentants particuliers, afin
que chacune connaisse bien ses droits et ses devoirs.

Dans les rapports que ces industries ont entre
elles, on ne peut faire que deux suppositions,
ou que l'une veuille nuire à l'autre, ou qu'elle
veuille lui être favorable. Ainsi, si l'industrie
manufacturiè   t contrarier les progrès de

l'industrie agricole, celle-ci ne pourrait pas souffrir sans que l'autre ne se ressentît immédiatement de ce malaise; si au contraire l'industrie est portée favorablement pour l'agriculture, en aidant son développement, l'une et l'autre en retireront leur avantage. Mais pour nuire à l'agriculture, il faudrait engager les électeurs agricoles à nommer pour représentants, je ne dirai pas un administrateur, un avocat, ce qui n'est pas possible aujourd'hui avec ce projet, mais un agriculteur incapable, un agriculteur qui eût le nom de sa profession et non l'intelligence. La conséquence de ce choix serait la ruine de l'agriculture et par contre la ruine de celui qui aurait provoqué cette nomination : c'est le résultat infaillible auquel on arriverait.

L'agriculture, considérée contre le commerce et l'industrie, nous apprendrait la même chose : voilà pourquoi nous n'en dirons rien.

Il y a enfin la catégorie des professions diverses qui a une position encore plus tranchée par rapport aux autres catégories; elle forme en quelque sorte une existence à part, à cause que son travail a une production différente de celle des autres industries, et cependant ce sont des Travailleurs comme les autres. Un médecin qui traite un malade, en exerçant son état, rend un service très important ; l'avocat, quand il défend une cause et qu'il fait rendre justice, n'est pas moins utile ; un savant, qui fait des découvertes, soit pour être appliquées dans l'industrie, soit pour éclairer l'intelligence sur les mystères que présente la nature, est un homme très important dans la société ; l'historien qui vous fait vivre dans le passé, en vous rapportant des évènements antérieurs, rend des services qu'il faut savoir apprécier ; seulement il arrive quelquefois que parmi cette classe il y en a qui exagèrent l'importance des fonctions qu'ils remplissent : cette raison et celles qui la précèdent, font qu'il y a une séparation plus grande entre eux et les industriels qu'il y en a entre les industriels eux-mêmes. C'est ce qui nous a portés à en faire une catégorie à part pour former les élections.

Cette catégorie étant séparée, son influence sur l'esprit d'élection, qui était si funeste autrefois, devient nulle aujourd'hui par le fait de son isolement et aussi parce que ses intérêts sont, du moins en apparence, en opposition avec ceux des autres ; par son isolement, c'est qu'elle ne peut pas agir directement sur les élections qui lui sont opposées, son action lui est interdite ; par opposition d'intérêts, c'est que toute tentative qui aurait pour but de provoquer une nomination quelconque dans les autres catégories, serait considérée comme une invasion hostile, elle ferait naître des doutes qui feraient supposer que ses démarches sont égoïstes; et d'ailleurs que peuvent ces élec-teurs, eux qui étaient si puissants dans les élections antérieures? Ils sont obligés de reconnaître que leur pouvoir n'est utile que dans leur caté-gorie, comme le pouvoir des autres ne l'est que dans la leur; ils ne peuvent rien offrir en retour des suffrages qu'ils demandent, les faveurs qu'ils pouvaient offrir alors ne sont plus à leur dispo sition, elles appartiennent également à tous, ce qui veut dire qu'elles n'appartiennent à personne, qu'au mérite. Tous sont également forts et puis-sants dans leur catégorie et en dehors tous sont également faibles et impuissants.

Si au lieu d'étudier les élections sous le rapport des intérêts divers qu'elles représentent, nous les considérons sous le rapport des partis qui di-visent l'opinion publique, nous arriverons à des conclusions tout-à-fait semblables à celles que nous avons trouvées; car, que veulent les hommes de partis? Ils veulent arriver à une forme de gouvernement qui s'accommode plus ou moins à leur position; ce sont des partis qui demandent des réformes qui satisfassent leur ambition; toutes ces opinions ont une tendance commune, un but qui peut se traduire ordinairement par un but d'intérêt personnel, un but égoïste. Dans ce cas nous retombons dans la condition des intérêts particuliers des catégories, et nous avons vu que l'intérêt particulier n'a jamais pu primer sur l'intérêt général.

Mais nous voulons faire ressortir encore davantage l'impuissance de toute volonté arbitraire sur l'organisation que nous proposons. Nous admettrons que ce système soit en usage dans un gouvernement absolu, qu'il soit appliqué en Russie, sous le gouvernement le plus despotique que nous ayons. Si on suppose que les intérêts de ce pays soient divisés de manière que nous puissions établir nos catégories, nous arriverons à constater ce que nous avons déjà vu quand nous avons parlé de l'action du gouvernement sur les élections. Les agents de l'administration pourront agir sur la catégorie des professions diverses ; là ils peuvent exercer leurs droits, ils pourront entraîner toute cette partie de l'élection pour nommer les représentants adoptant l'ambition despotique du pouvoir. Eh bien ! malgré ce succès, on verra que toutes ces tentatives, que tous ces efforts se tourneront en impuissance, vu que cette catégorie est en minorité.

Mais si les agents du pouvoir cherchent à envahir les volontés des électeurs des catégories autre que celle dont ils font partie, non pas directement, puisqu'ils ne le peuvent pas, mais par des moyens détournés, en provoquant la nomination des représentants qui s'accommoderaient avec la volonté despotique du souverain, ces volontés seront ou en rapport avec les intérêts que représentent les catégories opposées, c'est-à-dire avec l'intérêt général, ou elles seront en opposition avec ces intérêts; dans le premier cas, ces volontés seront libérales, car elles seront en opposition avec le souverain; dans le second cas, elles seront conformes aux volontés du pouvoir despotique, et par conséquent contraires aux volontés du pays : Il y aura donc incompatibilité, antagonisme, lutte perpétuelle. Eh bien ! qui succombera dans cette guerre ? est-ce le pouvoir despotique ou le pays libéral ? Si le suffrage universel était appliqué tel qu'il est aujourd'hui chez nous, il arriverait infailliblement que les élections seraient faussées et corrompues par les agents de l'administration, et que tous les représentants sortiraient des rangs de l'aristocratie. Dans ce cas, on comprend que la force resterait au pouvoir despotique; mais si le suffrage universel divisé en catégories était appliqué, on n'aurait pas à craindre de voir sortir tous les représentants de la classe des privilégiés ; ils sortiront également de tous les rangs de la société : l'agriculture, l'industrie, le commerce fourniront les leurs, c'est-à-dire les représentans qui expriment les besoins et les vrais intérêts du pays. Alors, pourra-t-on supposer que la volonté d'un souverain despote et de quelques privilégiés prévaudra sur la volonté générale de tous ? le doute en est-il, même permis ? Nous ne le pensons pas.

On nous dira peut-être que ce ne sera pas dès-lors un gouvernement absolu ; nous répondrons à notre tour que sous les gouvernements représentatifs il y a des volontés arbitraires et absolues, que la forme du gouvernement n'empêchera pas que les forts n'exercent sur les faibles leur pouvoir despotique ; et d'ailleurs, ce que nous voulons faire voir, c'est que la forme du gouvernement, quelle qu'elle soit, n'influera en rien sur le suffrage universel divisé en catégories. Cette organisation aura pour effet infaillible de ramener les pouvoirs despotiques vers les pouvoirs libres, et les pouvoirs libres seront consolidés, eux-mêmes, par les institutions libérales et démocratiques que ce système devra nécessairement produire.

Les élections ne seront plus dues aux chances

du hasard, l'intervention soit du pouvoir, soit des partis les uns sur les autres ne les troubleront plus, elles se feront régulièrement et sans commotion. Ce n'est pas une institution qui sera gouvernée et maîtrisée par les hommes, mais les hommes seront gouvernés et maîtrisés par l'institution dans laquelle ils seront obligés de se renfermer, et les représentants, qui en seront la conséquence, seront libres et indépendants comme les électeurs qui les ont nommés. Les représentants ainsi obtenus, nous allons les suivre à la représentation nationale; nous assisterons à ses délibérations et nous verrons si elles sont conformes à l'esprit d'élection qui les aura nommés.

Les représentants sortis librement du scrutin national, entrant dans la chambre des représentants, pour appliquer le mandat que le pays leur a donné, en leur faisant connaître sa volonté et les besoins qu'il éprouve, ces représentants, qui forment le grand congrès du pays, prenant place, non pas comme des hommes de parti, mais comme des citoyens qui ont hâte de faire connaître les intérêts qu'ils viennent défendre, se placeront pour former les cinq catégories qui divisent les intérêts de la France.

Les partis qui divisaient l'ancienne représentation, et qui diviseront probablement encore celle de la république, seront détruits; on n'aura plus cette partie compacte de la chambre attachée opiniâtrément au pouvoir, et marchant au moindre signe du maître, donnant des boules à tout propos, et cela à la condition de maintenir les choses dans un état qui fût utile, et pour les votants et pour ceux pour qui on votait.

Les partis de l'opposition voulaient en apparence faire beaucoup d'améliorations utiles au pays, défendaient avec énergie certains principes qui dans le fond ne différaient en rien de ceux des autres; il y en avait qui traquaient le pouvoir de toute leur force, mettaient en usage tous les moyens, et cela pour le faire tomber et pour se mettre à sa place; d'autres, animés de convictions plus sincères, voulaient certaines réformes plus ou moins utiles; d'autres enfin demandaient, et ceux-ci étaient en petit nombre, des réformes complètes et radicales; mais si on considère toutes ces opinions, on comprend qu'il y avait une tendance commune qui était pour les uns de maintenir leur position, et pour les autres de s'en faire une en profitant toujours des affaires de l'administration, mais rarement, ou pour mieux dire jamais, on s'occupait des intérêts du pays.

*

La diversité de ces opinions, qui occasionait autrefois tant d'intrigues, n'existera plus avec la nouvelle représentation nationale; ces divers partis seront remplacés par les cinq grandes délégations qui sont sorties des cinq catégories électorales qui forment l'élection totale du pays. Si ces délégations représentent exactement les besoins et les intérêts de la France, elles doivent nous fournir le même désintéressement, la même liberté que nous ont fourni les élections, et par conséquent elles ne seront plus le sujet d'aucune intrigue, ni d'aucune corruption.

La chambre ainsi constituée en représentation nationale se réunit, comme nous l'avons dit, pour régler les affaires du pays ; elle les règlera librement et en connaissance de cause, puisque chacune des cinq délégations ont les mêmes intérêts à défendre que les cinq catégories d'où elles sont sorties; ces intérêts, quoique particuliers, ne seront pas des intérêts égoïstes, ce sont des intérêts individuels qui, réunis en commun, font les intérêts de tous.

Ces affaires à régler sont les affaires du citoyen à l'Etat, et de l'Etat au citoyen ; et puis celles du citoyen à citoyen, mais réglées par l'intervention de l'Etat.

Nous avons dit : Tout citoyen a des devoirs à

remplir envers son pays, et ces devoirs lui donnent des droits. Ces devoirs consistent à concourir, dans la mesure de ses forces ou plutôt dans la mesure des jouissances qu'il a comparativement, aux dépenses que l'Etat est obligé de faire pour le citoyen : Les dépenses que l'Etat fait pour le citoyen c'est le droit auquel celui-ci a à prétendre.

Eh bien ! les citoyens représentants seront là pour voir si les dépenses que fait le citoyen pour l'Etat ou plutôt les dépenses qu'ils font eux-mêmes, puisqu'ils représentent tous les citoyens, sont bien appliquées, et s'ils les font en proportion de leurs forces et de leurs jouissances, et puis ils verront combien de ces dépenses leur sont rendues par l'Etat, et si elles leur sont justement distribuées ; on verra également si dans ce passage il n'en reste pas en chemin, si ceux qui sont appelés à les distribuer ne se font pas la part du lion ; étant tous là, ils comprendront facilement s'il leur est rendu à chacun en proportion de ce qu'ils ont fourni, et en rendant à chacun on rendra à tous comme nous le savons ; mais si à la chambre il n'y avait qu'une partie des intéressés, il serait fort à craindre et même assuré que les intéressés présents ne pensassent un peu trop à leurs affaires et qu'ils ne négligeassent les intérêts des absents ; mais pour qu'ils puissent faire leurs affaires, il faudra laisser faire un peu les affaires de ceux qui les dirigent au détriment, bien entendu, des citoyens électeurs qui n'ont pas des représentants : Ceci est si évident qu'il semble inutile d'insister d'avantage ; cependant il faut voir ce qui se passe en réalité.

Le citoyen concourt aux dépenses de l'État en payant des impôts. Ces impôts sont de plusieurs natures ; on perçoit de l'argent de différentes manières ; mais il y a deux genres d'impôts qui sont bien distincts : ce sont l'impôt foncier et l'impôt indirect. Il s'agit de les régler, comme nous l'avons dit, de manière que chacun les supporte suivant les forces et les jouissances qu'il possède ; or, si à la chambre il n'y avait que des propriétaires, pense-t-on que l'on imposerait fortement la propriété ? cela ne saurait se comprendre. — D'un autre côté, s'il n'y avait que de non-propriétaires, pense-t-on que l'on grèverait fortement l'impôt indirect ? pas le moins du monde. — Mais s'il y avait des représentants propriétaires et des représentants sans propriété, on établirait l'impôt foncier et l'impôt indirect, de manière à satisfaire les deux intérêts.

Mais en établissant les deux impôts, on devra s'arranger de manière à les concilier ensemble pour que chacun les supporte suivant sa force et sa jouissance ; nous savons que nous disons une chose bien vague, quand nous disons qu'un impôt doit être établi suivant ses forces et ses jouissances, parce que ces expressions supposent qu'on a un moyen de mesurer ces forces, que l'on a un point de comparaison : cela n'existe pas pour le moment, et d'ailleurs cette question dépend plus particulièrement de l'organisation du travail, que l'on tronque volontiers quand on ne cherche à établir que le rapport qui existe entre le maître et l'ouvrier ; la fixation des impôts sera nécessairement une dépendance de l'organisation du travail dans son application ; et tant que l'on n'aura pas trouvé la mesure dont nous venons de parler, que l'on n'aura pas de principe où l'on puisse tout rapporter, l'organisation du travail et la fixation de l'impôt seront une chose vague ; mais de ce que l'on n'aura pas un moyen sûr et positif de résoudre ces questions rationnellement, s'ensuit-il qu'il ne faille pas chercher à l'établir d'une manière approximative et aussi juste que possible pour tous ? ceci manquerait de raison.

Ainsi, qu'il s'agisse de fixer l'impôt du sel, on verra de suite que cet impôt pèse plus sur le travailleur que sur le propriétaire riche ; en effet, en achetant l'un et l'autre un litre de sel, tout en le payant au même prix, pour le pauvre ce sera une grande dépense, pendant que pour le riche propriétaire cette dépense est complètement nulle; on comprend que cet impôt serait juste étant payé par des contribuables qui ont une même position; mais qu'il est injuste pour des contribuables qui ont des forces et des jouissances inégales dans la société. Il s'ensuit donc que cet impôt devra être payé inégalement, et dès-lors on tombe sur l'impôt progressif, impôt très-difficile à établir, vu que l'on ne connaît pas exactement l'inégalité des jouissances personnelles, mais que la nouvelle représentation nationale est seule capable de déterminer convenablement, parce qu'elle sera à même de faire connaître la position respective de chacun. Mais comme il n'est pas question ici de faire un travail sur l'impôt, et que nous en parlons seulement pour faire voir comment la représentation nationale, sortie des catégories électorales, devra agir pour le régler et le rendre supportable pour tous; en attendant l'adoption de ce principe, nous ferons remarquer que l'on pourra arriver à un résultat analogue en diminuant l'impôt. Ainsi on sait que l'impôt sur le sel le fait vendre plus cher de dix fois et plus que sa valeur réelle; si on enlève les neuf dixièmes de l'impôt, cette diminution, quoique égale pour tous, sera beaucoup plus grande pour le travailleur que pour le propriétaire rentier; pour l'un, la charge sera diminuée de la presque totalité, et pour l'autre elle sera nulle, puisqu'elle était presque nulle auparavant.

Si on considère l'impôt sur les boissons et que l'on regarde celui qui pèse sur le vin ordinaire, on verra qu'à Paris, et à beaucoup d'autres endroits, cet impôt est si fort, que les Travailleurs ne peuvent pas en faire usage, et sont obligés de boire de l'eau, tandis que pour les personnes aisées cet impôt est insignifiant. On sait aussi que les vins de qualité supérieure ne sont pas plus imposés que les vins ordinaires. Eh bien ! si les représentants chargés de faire des lois étaient des représentants qui consomment le bon vin, ils seraient tentés, comme on le pense, non pas d'en maintenir la taxe, mais encore de la diminuer; au contraire, si les représentants étaient des travailleurs, ceux-ci, agissant dans leur intérêt, comme les premiers, voudront supprimer la taxe qui pèse sur le vin ordinaire; mais si ces deux intérêts sont en face l'un de l'autre, on arrivera nécessairement à une transaction qui les conciliera ensemble, en fixant les charges de manière à les rendre supportables pour tous; de là, il résultera que ceux qui boivent toujours du bon vin, en boiront un peu de l'ordinaire, et que ceux qui n'en boivent pas du tout, en boiront un peu du médiocre.

Le droit qui pèse sur les patentes sera l'objet d'une révision qui le répartira plus équitablement avec les députés représentant tous les intérêts ; on verra d'abord qu'il y a des professions qui n'ont pas de patente, et puis que ceux qui en ont, ne les ont pas suivant les forces industrielles et commerciales qu'ils déploient dans les affaires. Et d'où cela vient-il ? C'est que les députés qui ont fait cette loi sont, en grande partie, de ceux qui prétendent qu'une patente pour eux est une chose qui blesse leur profession, et qui est incompatible avec l'état qu'ils exercent, bien que nous sachions que ce soit des travailleurs comme les autres, et que s'il y avait quelque différence, ce serait d'être très-habiles pour défendre leurs intérêts ; et nous serions tentés de dire aussi qu'ils sont, non comme individu, mais comme profession, et pour certaines professions seulement, moins intelligents que ceux qui paient des patentes, et pourtant ils se trouvent déshonorés d'avoir à payer cet impôt. S'il y avait eu à la défense de cette loi tous les représentants des intéressés patentés, ils auraient modifié, on le comprend, le scrupule et les intérêts des professions non-patentées, en établissant des droits pour tous, et les établissant aussi équitablement que possible pour les intérêts de toutes les professions.

Il y a des impôts qui pèsent inégalement, non-seulement sur toutes les classes de la société, mais encore sur certaines catégories ; ce genre de dépenses se trouvera aussi équitablement réparti avec la nouvelle représentation nationale, que si ces impôts portaient sur tout le monde. Ainsi, on sait que la propriété a son impôt foncier ; on sait aussi qu'il y a beaucoup de propriétaires, tels que nous les avons définis dans nos catégories, qui n'en paient pas : ce sont les capitalistes qui ont des rentes ou des capitaux placés activement dans l'industrie ; il y en a qui les ont placés sur la propriété, et ceux-ci retirent assez souvent le revenu de la propriété pendant que le propriétaire nominal en paie l'impôt. Dans cet état de choses, il arrivera que le propriétaire foncier et le propriétaire capitaliste, que nous avons placés dans la même catégorie, comme ayant des intérêts communs, quand ils agissaient contre le travail, auront des intérêts opposés pour la perception des impôts, puisque l'un en paie et que l'autre n'en paie pas. Eh bien ! pense-t-on que ces intérêts seront conciliés avec des députés qui ne représenteraient qu'une partie de la France, la catégorie des propriétaires et la catégorie des professions diverses qui est et qui a été, à quelque exception près, la représentation ordinaire du pays ? Nous répondrons d'abord que l'expérience est là pour dire le contraire, puisque le capital n'a jamais été imposé, et puis nous ajouterons comme explication que le propriétaire proprement dit, n'a jamais été en grand nombre à la chambre, pendant que les capitalistes financiers et industriels y étaient plus nombreux et plus puissants ; et de plus, c'est que des cinq grands intérêts que nous voulons avoir à la chambre, il n'y en a guère eu que deux comme nous venons de le dire. Dans ce cas, voici ce qui arrive, c'est que le propriétaire foncier, lui qui ne veut pas augmenter ses dépenses, et le capitaliste financier, qui ne veut pas en payer du tout, ont plus commode l'un et l'autre de faire tomber cette dépense sur l'impôt indirect ; mais si les représentants de ce dernier impôt, qui pèse toujours plus sur le travailleur que sur les autres, étaient là pour se défendre, l'équilibre s'établirait d'une autre manière ; le propriétaire qui ne veut pas augmenter l'impôt qui le gêne, mais qui veut dans le fond le diminuer ; les surchargés de l'impôt indirect, qui sont encore plus grevés que lui, s'entendront mutuellement pour opposer une résistance d'intérêt, qui obligera le capitaliste financier à payer impôt et à concourir, en raison de sa puissance, aux dépenses de l'Etat.

Il y a d'autres perceptions à régler entre les citoyens et par l'intervention de l'Etat. Ces perceptions sont des tarifs et des impôts que l'on met sur certains produits, afin que certaines industries puissent les fabriquer. Ces impôts et tarifs sont très-nombreux; mais il y en a qui sont plus ou moins propres à l'objet que nous avons en vue, qui est de voir comment la représentation nationale agit dans la fixation de ces sortes de droits. Nous prendrons, par exemple, l'industrie du sucre, parce que cette substance est propre à tout le monde, en prévenant d'ailleurs que nous n'émettons aucune opinion ni pour un parti, ni pour l'autre, puisqu'encore une fois ce n'est pas là notre objet. Voyons ce qui s'est passé quand on a fait cette loi.

Il s'agissait de poser des droits sur le sucre, et de les poser de manière à satisfaire tous les intérêts. Eh bien! voyons les parties intéressées. On voit d'abord l'industrie indigène crier : Si vous enlevez le tarif qui pèse sur le sucre étranger, notre industrie est perdue, et pour nous, et pour les ouvriers que nous occupons; les partisans et intéressés de l'industrie du dehors répondent : Si on ne touche pas le tarif, nous ne pourrons plus porter du sucre en concurrence avec l'industrie que vous protégez. Voilà pour ces deux intérêts; mais il y avait un troisième intéressé qui était le trésor; celui-ci exposait ses doléances comme les autres, en disant : Si nous diminuons les tarifs d'un côté, il faut que nous les posions de l'autre; il faut que notre caisse se garnisse, autrement nous ne pourrons plus faire marcher les affaires, nous ne pourrions plus y mettre la main, et cela nous gênerait. Ces trois parties intéressées se sont défendues avec beaucoup d'énergie, et après avoir bien disputé, elles ont fini par s'entendre de manière à être contentes dans leur position respective; il y en a eu peut-être quelqu'une qui a été un peu blessée, mais pas mortellement.

Eh bien ! dans cette discussion, a-t-on vu un seul mot de défense en faveur de la consommation ? Qui a porté la parole pour défendre ce grand consommateur, qui est le Peuple, le travailleur ? Personne. Non, il n'a jamais été question de lui, pas plus dans cette circonstance que dans toutes celles qui lui ressemblent; si on en parle quelquefois, ce n'est qu'après que les intérêts du producteur et du trésor sont amplement départis, qu'après que l'on a assuré à l'un et à l'autre, qu'en diminuant le prix du produit, la consommation s'accroîtra, et qu'ils en retireront de plus grands bénéfices. Voilà comment on parle du consommateur; c'est, nous le répétons, quand les autres sont pleinement satisfaits. Mais s'il avait été représenté dans la discussion qui a fixé les tarifs, il n'aurait pas été là seulement pour réclamer son droit de consommateur, mais encore il aurait été utile pour fixer la discussion comme producteur; l'ouvrier agricole, qui fait venir la betterave, et l'ouvrier industriel, qui fabrique le sucre, auraient vu si les plaintes des uns et des autres étaient fondées, et ils auraient été assez justes, et d'ailleurs intéressés à reconnaître la vérité : l'obstination pour eux c'est la cessation du travail, et la cessation du travail c'est leur misère.

Le citoyen a encore un de ses devoirs à remplir envers la patrie, devoir que nous aurions dû placer des premiers et que nous placerons ici : il doit concourir de sa personne à la défense et à la tranquillité de son pays en passant sous les drapeaux une certaine partie de sa vie. Examinons les circonstances et les conditions qui le déterminent à satisfaire à cette espèce d'impôt.

Ce qui en décide, c'est le hasard, c'est un jeu de loterie, jeu que l'on a trouvé très-immoral pour d'autres circonstances et que l'on conserve ici. Tous les conscrits se présentent à la plus belle époque de leur vie et viennent mettre la main dans l'urne qui doit décider de leur sort; en mettant la main dans l'urne, toutes ces mains sont égales, l'une n'est pas plus favorisée que l'autre, les chances sont les mêmes pour tous ; mais nous nous demandons si les joueurs sont dans les mêmes circonstances, si les conditions sont les mêmes, en un mot si l'enjeu est égal. Nous répondons que non, que la différence est très grande. Ainsi, deux conscrits se présentent, l'un n'a rien que son talent, ce qui est beaucoup, chose qui n'existe pas toujours ; et l'autre a dix mille francs de revenu; ils tirent au sort, le pauvre tombe, il faut qu'il donne huit ans des plus beaux de ses jours, c'est-à-dire qu'il perd presque son avenir; le riche tombe, il ne partira pas, il achète un remplaçant, il restera tranquille et heureux, il jouira paisiblement de la vie ou il l'emploira à son instruction personnelle. Eh bien ! trouve-t-on que là il y a égalité de condition ? que les chances sont égales ? l'un sacrifie tout son temps, son avenir et même sa vie, et l'autre n'expose qu'une partie de son revenu.

Faisons encore une autre comparaison et admettons que les joueurs soient dans la même condition et que ce soit deux travailleurs. Ici ils sont égaux sous tous les rapports, l'un n'est pas plus que l'autre, mais ils vont jouer plus que leurs forces ne leur permettent ; ainsi l'un tombe au sort et l'autre n'y tombe pas ; celui à qui le sort a été fatal est malheureux ; celui favorisé par le hasard est heureux ; il reste auprès de ses parents, si cela est nécessaire, ou bien il continue sa carrière, il cherche à se faire une position en travaillant. L'un est dans la voie de la prospérité, l'autre est dans la voie de la misère et cela pour avoir joué trop fort.

Mais si au lieu de jouer huit années de sa vie on n'en jouait que quatre, la moitié, le danger serait moins grand, et si on n'en jouait que deux le mal serait moins grand encore, et enfin si on ne jouait pas du tout, les choses iraient le mieux possible, ce qui veut dire que tout le monde doit être soldat de droit, oui tout le monde soldat, et c'est là un acte de justice et de raison ; de justice, parce que tout citoyen doit faire son service également ; de raison, parce que l'avenir d'un homme ne doit pas dépendre d'un coup de dé : de là il résulterait qu'au lieu de passer huit années au service on n'y en passerait peut-être qu'une ou deux, et dès-lors ce temps ne serait pas une perte, cela ne dérangerait, du moins d'une manière grave, l'avenir de personne.

Mais nous entendons dire déjà quels soldats aurons-nous s'ils ne font qu'une année ou deux de service, nous aurons toujours des conscrits et des recrues. Nous répondrons, nous qui ne connaissons pas l'état militaire, mais qui en connaissons un autre, et nous savons qu'en travaillant pendant une année ou deux depuis cinq heures du matin jusqu'à sept heures du soir, on fait des choses qui sont pour le moins aussi difficiles et aussi pénibles que d'apprendre à charger un fusil et à marcher au pas réglé, et nous pensons que si les militaires étaient occupés, pendant le temps dont nous venons de parler, à faire l'exercice, ils seraient capables non-seulement de faire toutes les manœuvres nécessaires à l'armée, mais encore de les montrer au besoin ou d'employer le temps qui leur resterait disponible à autre chose. On dira encore, le militaire, en restant huit années dans l'armée, devient courageux, le maniement des armes prolongé l'aguerrit et il devient bon soldat. Si on ne connaissait pas le courage et la bravoure des soldats français, nous dirions que des huit années qu'ils passent sous les drapeaux, ils en passent au moins quatre à reposer sur le lit de camp, et le reste à regarder l'étalage des boutiques et à se promener. Nous demandons si cette vie n'est pas plutôt propre à détruire le courage qu'à l'animer.

Ce que nous avons dit de l'emploi du temps du militaire se trouve confirmé par tous ceux qui ont voulu faire travailler l'armée, comprenant qu'il y avait là des forces perdues et que l'on pouvait utiliser avantageusement ; ils ont donc compris qu'il ne fallait pas huit années de temps pour apprendre à faire la manœuvre ; ceci étant à l'appui de nos opinions, nous devons faire voir maintenant que nos opinions sont une réponse à la manière d'employer les forces du soldat.

Qu'a-t-on voulu faire avec l'armée ? on a voulu faire des routes, creuser des canaux, bâtir des monuments ; eh bien ! que l'on se représente ces soldats qui ont donné cinq ou six années pour apprendre un état et que ces soldats soient des horlogers, des bijoutiers, des graveurs qui ont à la main une pioche pour creuser la terre, une brouette pour la transporter ; est-ce que ces forces seront bien employées ? est-ce que le produit de leur travail répondra aux sacrifices qu'ils ont fait pour apprendre un état ? Il faut reconnaître qu'à part la répugnance invincible qu'ils éprouveront, ils s'abrutiront en quelque sorte en perdant l'adresse dont ils ont besoin dans leur main pour exercer leur état et que leur force de production sera considérablement diminuée. Mais si on ne gardait le soldat à l'armée que le temps indispensable pour faire bien son service, on ne serait pas exposé à toutes ces difficultés, à toutes ces pertes de richesses ; le soldat, en se retirant, rentrerait dans la vie ordinaire, il continuerait sa carrière en reprenant ses occupations, pour lesquelles i s'est destiné, et au lieu d'avoir un soldat qui consomme sans produire, on aura un citoyen qui produit pour s'enrichir, lui et son pays.

Nous ferons d'ailleurs observer que cette organisation n'exclurait pas le remplacement, il ne faut pas contraindre les volontés ; celui qui voudrait être soldat resterait soldat, celui qui voudrait avoir un métier garderait un métier, à la condition toutefois que celui qui se ferait remplacer serait obligé de rester huit années en disponibilité en faisant l'exercice et en passant des revues dans des moments qui ne nuiraient pas à ses occupations ordinaires. Celui qui ne passerait qu'une année ou deux au service, le continuerait en se soumettant aux mêmes exigences de celui qui s'est fait remplacer, et dans peu tous les citoyens français seraient soldats.

Pour arriver à cette réforme, ce ne sera pas avec une chambre privilégiée, qui ne représentera qu'une partie du pays, qu'on l'obtiendra ; ceux-ci s'occuperont de créer un état-major considérable en formant le gros de l'armée du peuple ; mais si les Travailleurs étaient représentés ; et ils le seront avec la représentation nationale qui représentera les cinq grandes délégations de la France ; alors le peuple travailleur-représentant viendra dire à la chambre que la loi sur le recrutement est intolérable pour eux qui ne peuvent pas exposer leur sort aux chances du hasard, que ces chances sont trop périlleuses pour eux et que d'ailleurs elles ne sont pas égales pour tous, qu'ils sont tous prêts à servir leur pays, mais à le servir dans la mesure de leurs forces ; de ces observations et de celles qui pourront leur être opposées par toutes les parties intéressées, il en sortira une loi qui ne sera pas comme celle que nous avons cherché d'esquisser, mais une loi qui satisfera complètement en justice et en raison toutes les classes et toutes les conditions de la société.

Nous pourrions encore multiplier l'examen des lois qui fixent les charges qui pèsent sur les citoyens pour donner à l'Etat, et nous trouverions toujours que ces charges ne pourront être bien appliquées que quand elles seront fixées par les délégués qui représenteront tous les intérêts du pays, c'est alors seulement qu'elles seront justement appliquées. Nous devons voir maintenant si l'Etat rend intégralement aux citoyens les ressources que l'on met entre ses mains.

Les dépenses que l'état fait pour le pays, doivent être en rapport avec les recettes qu'il a faites en établissant la balance; mais il ne suffit pas qu'il y ait balance, il faut en outre que ces dépenses soient justement distribuées, afin que chaque citoyen en reçoive la part d'intérêt à laquelle lui donnent droit les devoirs qu'il a remplis envers son pays.

Ces dépenses sont très-nombreuses et très-diverses; c'est l'état qui doit faire l'instruction du peuple, en établissant des institutions qui prennent l'enfant presque au berceau et qui le conduisent jusqu'à un âge où il puisse rentrer dans une carrière quelconque et en rapport avec ses capacités; l'état doit assurer la tranquillité de tous les citoyens et des citoyens entre eux et contre le dehors, en établissant une police et une armée qui puissent maintenir l'ordre et faire respecter le pays. L'état doit établir des voies de communication, et pour la facile circulation des citoyens et pour les produits et denrées, qui sont transportés par le commerce et tant d'autres dépenses plus ou moins urgentes pour tous.

L'état doit donner à tous la même instruction, afin de mettre tous les hommes à même de parcourir avec distinction les diverses professions auxquelles on se livre dans les affaires de la société; l'instruction que l'on donne aujourd'hui est loin de satisfaire à cette condition, aussi nous voyons de grandes différences dans les aptitudes que l'on porte dans les entreprises que l'on fait; mais une fois que l'instruction sera arrêtée de manière que tout le monde puisse la recevoir également, ces aptitudes qui sont si diverses, si différentes aujourd'hui, deviendront plus uniformes et les capacités tendront à devenir plus ou moins égales.

Sans chercher à savoir ce qu'il y a de bon dans l'instruction que l'on donne aujourd'hui, on doit reconnaître du moins qu'elle est incomplète, puisqu'elle ne s'adresse pas à tous, et de plus, c'est que là, où elle s'exerce assez complètement, elle n'est pas appropriée aux besoins des élèves; ainsi dans les pensions et les collèges où l'instruction est la plus parfaite, elle est mauvaise en elle-même, puisque tous les élèves passent par la même filière d'instruction pendant que tous sont destinés à suivre des carrières différentes; et s'il y en a une qui soit bien suivie, c'est celle qui conduit à dire beaucoup de mots quand il faut en dire peu, et à faire de grandes phrases pour obscurcir ce qui est bien clair par soi-même, et pourtant c'est ainsi que l'on parvient à occuper les premières places du pays.

Dans les écoles primaires, le vice n'est pas tout-à-fait le même; elles y participent un peu; on n'y montre pas ce qui est utile dans certaines spécialités auxquelles on doit se livrer; mais ce qu'il y a de plus mauvais encore, c'est que les élèves sont beaucoup trop nombreux relativement aux maîtres qui font l'enseignement; dans les grandes villes surtout, le nombre des élèves est prodigieux, du moins dans les deux premières classes de l'enseignement primaire; les salles d'asile et les classes élémentaires; les salles d'asile ont pourtant produit un grand bienfait en retirant les enfants des Travailleurs qui étaient abandonnés à eux-mêmes, et quelquefois dans la rue, pendant que leurs parents étaient obligés d'aller travailler.

Ce qui se passe dans les villes a lieu dans les campagnes, les élèves sont toujours trop nombreux par rapport aux maîtres, et quelque zélés que soient les instituteurs et quelque bonne que soit la méthode d'enseignement, l'instruction doit être toujours médiocre.

Vouloir remplacer cet état précaire d'enseignement par une organisation qui donne l'instruction indistinctement et également à tous les citoyens, est une des questions les plus délicates et des plus sérieuses que l'on puisse entreprendre; car il ne suffit pas de dire nous donnerons l'instruction à tous sans distinction, mais il faut voir comment et par quels moyens.

Pour se comprendre un peu à ce sujet, il faut savoir quelle est l'instruction que l'on veut donner, c'est la question qu'il s'agit de décider tout d'abord; une fois bien fixé sur ce point, on arrivera naturellement à connaître ce que l'on peut faire à cet égard.

En effet, une fois l'instruction arrêtée, on sera conduit à savoir à quelle époque elle devra commencer et à quelle époque elle devra finir; ceci se trouvera par une moyenne qui règle toujours, comme on le sait, les deux extrêmes: connaissant l'époque où l'instruction doit commencer et où elle doit finir, on connaîtra de suite le nombre d'élèves qui seront en permanence dans les écoles; connaissant le nombre d'élèves à instruire tous les ans, on connaîtra le nombre des maîtres qu'il faudra pour donner l'instruction convenue; car si on donnait trop d'élèves à un maître, l'instruction ne serait pas finie à l'époque que l'on aurait fixée d'avance; si au contraire on lui en donne peu, elle sera finie plutôt; or donc, en connaissant l'instruction à donner et l'époque où elle doit finir, on connaîtra le nombre d'instituteurs qu'il faudra, connaissant le nombre d'instituteurs, on connaîtra par le traitement qui leur sera alloué, la dépense que l'on devra faire, en y ajoutant toutefois la dépense des locaux et d'entretien pour les élèves, attendu que nous admettons que tout est gratuit. Voilà en gros pour la dépense; mais il y a le côté opposé qui n'est pas moins utile à signaler. Nous voulons parler des pertes qui résulteront de ce que les élèves qui vont à l'école seront enlevés au travail : ceci est très-important.

On sait, en effet, que les enfants des Travailleurs, soit dans l'industrie, soit dans l'agriculture, commencent de bonne heure à être utiles à leurs parents; on sait que les enfants du laboureur à l'âge de sept à huit ans sont occupés déjà à garder les troupeaux, et puis, à mesure qu'ils avancent en âge, ils deviennent plus utiles encore, et, arrivés à l'âge de douze à treize ans, et même avant, ils mènent la charrue, font à la terre tous les labours et se trouvent ainsi capables de faire le travail d'un homme.

Dans l'industrie, les enfants ne sont pas moins occupés activement au travail industriel, ils sont livrés dans les manufactures à des travaux plus utiles comme intérêt et comparés au travail de l'agriculture, mais plus pernicieux pour leur santé et le développement de leurs forces physiques, ce sont des enfants qui sont étiolés avant d'arriver dans le monde; cette fatale conséquence est due à la position malheureuse où se trouvent les parents d'avoir recours pour leur existence aux petits salaires que leur apportent leurs enfants.

On aura donc, en établissant l'instruction pour tout le monde, à lutter d'abord contre la résistance assez naturelle des parents pour l'utilité que ces enfants apportent à leurs familles, et de plus il faudra tenir compte des forces que l'on enlèvera ainsi à la production. Ces deux dernières considérations sont très sérieuses, puisqu'à mesure que l'on perfectionnera l'instruction et qu'on la prolongera, on anéantira en proportion la richesse, attendu qu'aujourd'hui on produit et on ne dépense pas, et que quand l'instruction sera donnée à tout le monde, ce qui est d'une impérieuse nécessité, on dépensera et on ne produira pas.

La question étant ainsi posée, tout le monde peut la résoudre, c'est une affaire de statistique, seulement il faudra bien s'entendre sur l'instruc-

tion que l'on voudra donner : c'est là qu'est la
question. Mais pour la résoudre d'une manière
complète, il faut une chambre qui représente
tous les degrés d'instruction et d'ignorance que
présente la société ; c'est en exposant l'état d'infériorité des uns et l'état de supériorité des autres
que l'on pourra comprendre le besoin d'établir
une instruction générale qui s'adresse à tous.
Une chambre qui ne représenterait que ceux qui
ont reçu l'instruction dans les pensions, dans les
collèges, à l'école polytechnique et ailleurs, ne
sera pas portée aussi favorablement qu'on l'an-
nonce tous les jours, il serait fort à craindre au
contraire que l'on ne négligeât l'instruction
comme par le passé, en la donnant par degrès
insensibles, et que l'instruction ne fût répandue
d'une manière plus ou moins complète que dans
un avenir très-éloigné.

Mais si ceux qui sont dans l'ignorance aujour-
d'hui étaient représentés, ils exposeraient l'état
d'infériorité où ils se trouvent toutes les fois
qu'ils veulent s'élancer dans une carrière et se
livrer ainsi à une occupation quelconque ; ils feront comprendre que pour avoir une chance de
succès, il faut être dans des conditions à peu
près semblables, et que, par conséquent, l'instruction leur est indispensable, sous peine de

rester toujours en bas de l'échelle sociale et d'y rester sans avoir jamais conscience de ses devoirs ni de ses droits.

L'ouvrier-représentant qui se trouvera entre le besoin de s'instruire et la difficulté d'avoir cette instruction aussi complète que son ignorance l'exige, il devra tenir compte un peu de l'embarras où l'on est de pouvoir réaliser immédiatement l'instruction sur des bases aussi larges que le besoin semble le réclamer maintenant; mais en même temps qu'il reconnaîtra la difficulté, il fera comprendre qu'il ne peut pas rester dans cet état d'infériorité intellectuelle qui le place trop au-dessous de sa condition, ce qui l'expose quelquefois à des excès que bientôt il est obligé de déplorer, et cela faute de connaître ses droits et ses devoirs. De là il fera voir la nécessité d'établir immédiatement une instruction qui le place d'abord dans ses droits, et puis, que par une instruction progressive, il s'élève à la condition qu'il est appelé à occuper dans la société.

Il arrivera donc qu'une chambre qui représentera tous les degrés, je ne dirai pas d'instruction, puisqu'il y en a qui n'en ont pas du tout, mais tous les degrés d'ignorance relative, sera une chambre seule capable d'établir une instruction qui satisfasse à la fois au besoin d'ignorance où nous

nous trouvons et aux ressources, que l'on a pour l'établir; mais il n'arrivera pas que cette chambre écrive en tête de la charte cette mystification honteuse qui est : que tous les Français sont également admissibles aux emplois civils et militaires, quand les Travailleurs sont obligés de répondre avec humiliation qu'ils ne peuvent accepter la dignité, oui la dignité de garde-champêtre et de porteur de contraintes, faute de pouvoir dresser dans un cas un procès-verbal, et dans l'autre, de ne pouvoir lire l'adresse de la contrainte.

Nous ne finirons pas cette brochure sans dire un mot de l'organisation du travail, non pas que nous ayons un système particulier à présenter et que nous ayons un plan arrêté, non; mais pour faire voir que la nouvelle représentation nationale est apte à le trouver.

L'organisation du travail, telle qu'on la présente ordinairement, fait comprendre assez que l'on est disposé à organiser les autres et que l'on ne veut pas être organisé ; on parle toujours d'organiser le maître et l'ouvrier, on veut savoir ce qui se passe entre eux, comme si une fois que l'on aura fixé les relations qui les divisent, le travail sera organisé. Organiser, c'est chercher les rapports qui divisent ou qui rapprochent

les hommes entre eux; il ne faut pas se conten-
ter de connaître seulement les rapports qui exis-
tent entre le maître et l'ouvrier, mais il faut encore connaître les relations soit d'intérêt, soit de
besoin qui lient tout le monde; car une fois
que l'on aura découvert les relations qui lient le
maître à l'ouvrier, il faudra voir ce qui se passe
entre les maîtres, c'est-à-dire entre les industries
elles-mêmes; les industries auront à faire au
commerce, et le commerce avec tout le monde;
c'est donc tout le monde qu'il faut organiser.

On peut comprendre cependant que l'on ne
doive organiser pour le moment que les industries
isolément, afin d'arriver progressivement à une
organisation plus complète, et dans cette supposition on pourrait se demander si c'est par l'ouvrier proprement dit qu'il faut commencer, ou
par des ouvriers placés en haut de l'échelle sociale; car que veut-on faire en définitive? On
veut que l'ouvrier qui travaille gagne de quoi sub-
venir à ses besoins, et pour cela on tombe de
suite sur les maîtres pour arriver à ce but; mais
avant de prendre cette décision, il serait prudent
de voir si les maîtres sont assez bien partagés,
s'il ne se trouve pas des maîtres qui sont plus
malheureux que certains ouvriers, et dès-lors on
pourrait être conduit à voir s'il n'y a pas des ou-

vriers haut-placés qui ne soient trop rétribués, et dans ce cas il y aurait à modifier leurs rétributions pour arriver indirectement à augmenter le prix du travail mal payé, ce qui revient à dire qu'il faut chercher à régler les salaires, non pas seulement pour les ouvriers proprement dits, mais encore de tous les ouvriers qui travaillent pour le bien-être matériel et moral de tous, soit qu'ils travaillent dans l'atelier, soit qu'ils travaillent dans le cabinet ou dans le bureau, et pour lors on sentira le besoin qu'en organisant les autres, il faudra s'organiser soi-même.

Mais pour organiser, il faut des principes d'organisation, c'est ce qu'il faut commencer à découvrir. On parle d'association, mais l'association n'est pas le principe, c'est la conséquence, c'est le moyen d'appliquer le principe. Les éléments pour former une société, sont les hommes et les choses, que l'on traduit ordinairement par les trois éléments suivants, le travail, le capital et le talent; ces trois éléments sont employés diversement par les organisateurs : les uns ne veulent tenir compte, pour former une société, que du travail, les autres que du travail et du talent, et les autres veulent les trois éléments : le travail, le talent et le capital. Nous n'émettons aucune opinion ni pour ni contre sur l'emploi de ces trois éléments de la richesse, mais nous dirons seulement que ceux qui ne veulent que le travail, n'obtiendront pas le même résultat de ceux qui veulent le travail et le talent, que ceux-ci n'auront pas le même résultat de ceux qui veulent le travail, le talent et le capital ; ceci semblerait faire comprendre que le principe d'association n'est pas bien établi ; mais en outre il est nécessaire de bien connaître ces éléments, et pour cela il ne suffit pas de définir ces éléments comme on le fait ordinairement, en disant : le capital c'est de la richesse accumulée, le talent, c'est l'aptitude, la disposition qu'une personne a à faire une chose avec plus ou moins de capacité, il faut encore en faire connaître la valeur réelle. Quand on dit un mètre est une mesure de longueur, un litre est une mesure de capacité, on ne connaît pas beaucoup le mètre ni le litre ; mais quand on dit le mètre est la dix-millionième partie du quart du pôle à l'équateur, on connaît là valeur réelle du mètre ; quand on dit le litre est un décimètre cube, on connaît véritablement le litre Avec ces mesures on se comprendra de suite toutes les fois que l'on voudra les appliquer ; quand un objet aura en longueur dix mètres, on ne pourra pas dire qu'il en a onze ; quand un corps aura en volume cent litres, on ne pourra pas dire

en a cent un, et cela quelle que soit la volonté
arbitraire de chacun; on sera ramené toujours
à une mesure de comparaison. Eh bien ! c'est
ainsi qu'il faut connaître le travail, le talent et
le capital, et dès-lors l'association ne sera que
la conséquence de ces principes; elle s'établira
facilement, vu que l'on connaîtra bien ses éléments : jusque-là, nous pensons qu'il sera diffi-
cile de s'entendre.

Nous ferons remarquer toutefois qu'il y a certains systèmes qui n'ont pas besoin de connaître
la valeur réelle des éléments dont nous venons
de parler, puisque l'on n'admet que le travail,
alors les valeurs comparatives des éléments de
production restent sans objet ; mais de ce que
l'on ne tient pas compte de ces valeurs, il pourra
bien arriver qu'on ne fera pas beaucoup d'effort
à produire ces valeurs et qu'elles ne tendent par
conséquent à s'anéantir.

Pour organiser le travail tel que nous venons
de l'indiquer, et comme il semble raisonnable de
l'établir, ce ne sera pas avec une chambre comme
nous l'avons eue et comme nous l'aurons, si on
ne change pas de principe ; on sait comment
était reçue l'organisation du travail, c'était un
épouvantail que l'on jetait dans l'assemblée et
que tout le monde repoussait avec inquiétude ;

aujourd'hui on est un peu plus disposé pour la recevoir, on fera des concessions que l'on ne voulait pas faire alors ; mais maintenant il faut voir comment sera constituée la représentation nationale qui doit organiser le travail ; une chambre nationale qui ne représenterait qu'une partie des Travailleurs, qu'une partie des intérêts n'y réussirait pas ; il faut une assemblée nationale qui représente tous les travailleurs, depuis le plus petit jusqu'au plus grand de la société, une assemblée qui représente tous les intérêts, une assemblée qui exprime tous les besoins du pays, c'est-à-dire une assemblée nationale telle que nous l'avons vue sortir des cinq grandes catégories électorales de la France.

On pourrait encore multiplier les comparaisons et nous trouverons toujours que les délibérations de la nouvelle chambre seront appliquées avec justice et discernement. Nous les avons multipliées, non pas pour que l'on tienne compte des projets de lois que nous avons exposés, mais pour faire comprendre que les nouveaux représentants en feront nécessairement de meilleurs.

Nous avons vu dans l'élection que le citoyen a nommé librement son représentant respectif, que l'élection n'a pu être l'objet d'aucune in trigue ni corruption, qu'elle s'est faite sans contrainte et sans commotion.

Nous avons vu également que les représentants sortis de cette élection sont sortis libres et désintéressés ; que leurs délibérations ont été indépendantes et dévouées ; qu'elles se sont faites avec justice et avec raison, et cela devait être, puisque en agissant dans l'intérêt de chacun, on agissait dans l'intérêt de tous.

La souveraineté du peuple, tant désirée, tant de fois promise, s'est enfin réalisée ; on a vu le citoyen user de son libre arbitre dans l'élection comme dans la chambre législative. Il a exercé ses droits comme ses devoirs avec dévouement et sincérité. La souveraineté du peuple n'est plus une mention faite dans les livres, c'est un fait qui est passé dans la pratique.

Le peuple jouissant de la plénitude de ses droits saura accomplir dignement ses devoirs.

L'approche des élections ne sera plus une inquiétude pour personne, on n'aura plus cette appréhension que tous les électeurs avaient pour nommer leur député, ils n'auront plus la crainte de subir l'influence du pouvoir ni d'aucun parti pour nommer leur représentant. Les électeurs ne seront occupés qu'à choisir leurs délégués les plus intelligents et les plus capables de savoir apprécier leurs besoins et leurs droits. Une fois ces représentants nommés, l'inquiétude ne redoublera pas encore, comme cela arrivait autrefois, on ne sera plus incertain sur les délibérations des représentants, on n'aura plus à compter sur le dévouement, sur le désintéressement des députés, seule cause de garantie pour la défense des intérêts du peuple; ce dévouement, ce désintéressement si mobiles, si incertains, deviendront utiles et précieux pour la défense des intérêts que chacun sera obligé de représenter.

Les réformes, qui sont et qui ont été la cause de tant de bouleversements, de tant de troubles et de commotions, ne seront plus à l'avenir qu'un sujet d'études et de méditations sérieuses. Une réforme qui ne satisferait qu'une partie de la société sera prise en considération, on l'étudiera, et dès qu'elle conviendra à tout le monde, elle sera adoptée comme un bien général. Le progrès sera le mobile principal de la nouvelle chambre. Les représentants, étant les citoyens les plus avancés des catégories d'où ils sont sortis, seront toujours en avant des autres; mais en même temps qu'ils seront en avant dans les progrès, ils en seront les modérateurs, puisque en connaissant les besoins qu'ils représentent, ils connaîtront les moyens, les ressources qu'ils auront pour les satisfaire.

On voit donc que la représentation nationale, sortie des catégories électorales, sera la seule chambre qui représente en fait et en droit la souveraineté du peuple, qui puisse recevoir les réformes et les appliquer utilement pour tous, qui sente le progrès matériel et moral et qui puisse le graduer en faveur du bien commun, ce qui nous permettra d'arriver, d'après nos principes, à la pratique de cette sublime devise : *liberté*, *égalité*, *fraternité*, progressives ponr tous.

FIN.

Toulouse, imprimerie d'Aug. de Labouïsse-Rochefort.

www.ingramcontent.com/pod-product-compliance
Lightning Source LLC
Chambersburg PA
CBHW051717050726

47598CB00003B/941